AF359455

GALERIE GEORGES PETIT

8, Rue de Sèze, 8

EXPOSITION

DES

FEMMES ARTISTE

Ouverte tous les jours de 10 h. à 6 h.

DU 20 AU 29 JANVIER 1893

TABLEAUX, AQUARELLES

PASTELS, MINIATURES et GRAVURE

SCULPTURE

PARIS

—

1893

TABLEAUX, AQUARELLES

PASTELS et GRAVURES

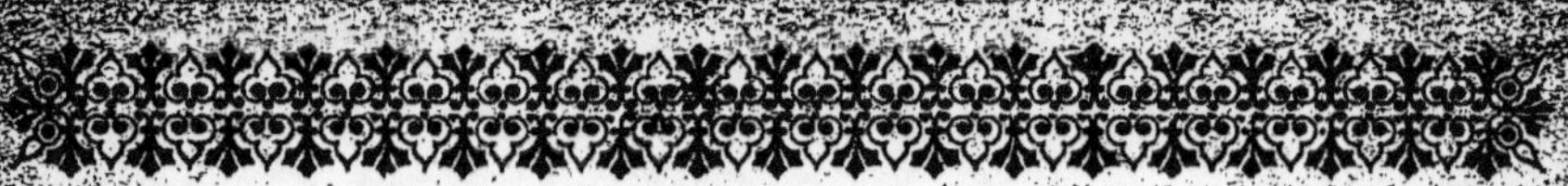

DÉSIGNATION

ART (Berthe)

1 — Reine-Marguerite et Chèvrefeuille (pastel).

2 — Glaïeuls,   —

3 — Melon, Pêches, Raisins,   —

4 — Cerises et Chèvrefeuille,   —

5 — Raisins blancs et Figues fraîches,   —

6 — Pêches et Amandes vertes,   —

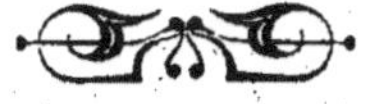

BAZIN (Marguerite)

7 — *La Mère de Rembrandt (gravure).*

D'après Rembrandt.

8 — *Un vieux Moine (gravure).*

D'après Vélasquez.

9 — *Primavera* —

D'après Mengin.

10 — *L'Inspiration* —

D'après Fragonard.

11 — *Louis XIV, d'après la statuette de Chapu.*

12 — *Prince de Savoie (gravure).*

13 — *Bas-relief de la cathédrale de Sienne.*

Appartient à MM. Hachette et Cie

DEBILLEMONT

14 — *Intérieur breton à Ploumanach.*

15 — *Petite pêcheuse de moules à Berneval.*

16 — *Falaises de Berneval, le matin.*

17 — *Falaises de Berneval à midi.*

18 — *Pommiers à Lozère.*

19 — *M. M.*

20 — *Un Pastelliste.*

21 — *Tête de jeune fille.*

DEMONT-BRETON

—

22 — *Giotto.*

Appartient à M. Sedelmeyer.

23 — *Le Bain.*

Appartient à M. B.

24 — *Petite Gardeuse de chevaux.*

Appartient à M. Fontaine Flament.

25 — *Fils de Pêcheur.*

26 — *La première Rose.*

27 — *Étude.*

CAMFRANCQ (Mary)

8 — *Au bord de la rivière (Eure).*

9 — *Temps mouillé.*

10 — *Soir dans les dunes (Ile de Noirmoutiers).*

11 — *Matin de Novembre (Aulnay).*

12 — *Temps brumeux.*

13 — *Fin du jour.*

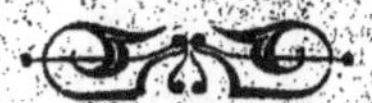

CRESTY

---

34 — *Soleils.*

35 — *Hortensias.*

36 — *Raisins.*

Appartient à M. Ad. Bordes.

37 — *Panier de Groseilles.*

38 — *Châtaignes.*

39 — *Verveines.*

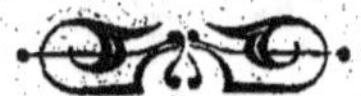

DESBORDES (Louise)

40 — *Barrière de fleurs.*

41 — *Éventail Orthensias.*

42 — *Éventail Chardons.*

43 — *Plantes marine et Homards.*

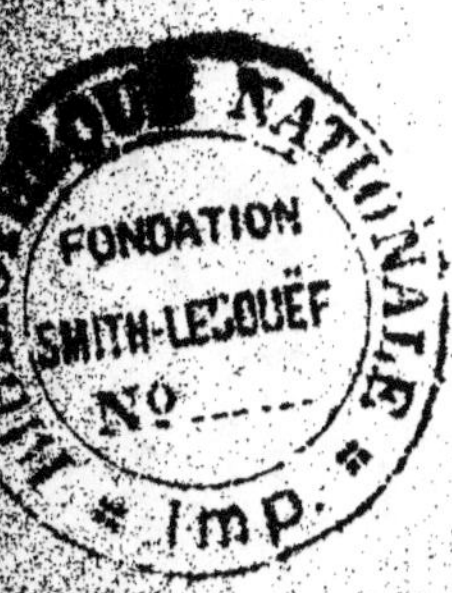

FLEURY (Fanny)

---

44 — *A Roscoff.*

45 — *Temps gris.*

46 — *Portrait de Mlle E. B.*

47 — *Souvenir de Plouharnel.*

48 — *Sur la Seine.*

49 — *Étude (pastel).*

FOULD (Achille)

---

50 — *Portrait du Prince Stirbey*.

51 — *Morte saison*.

52 — *Le Modèle*.

53 — *La Plage à Ault*.

54 — *Vue prise à la Bourboule*.

55 — *Prairie dans la commune de Vaux (aquarelle)*.

56 — *Sur la plage de Pontaillac* —

57 — *Boulevard Bellamy à Pontaillac* —

FOULD (Consuelo)

58 — *Portrait de M. Mathieu Meusnier.*

59 — *Portrait de Mme Jean Rameau.*

60 — *Portrait de Mme d'A.*

61 — *Rose mystique (sanguine).*

62 — *Étude.*

GAUTIER (Judith)

63 — *Tannhauser*.

64 — *Lohengrin*.

65 — *Le Rhingold*.

66 — *La Walkyrie*.

LA VILLETTE (ÉLODIE)

67 — *La pointe de Beg-Naud.*

68 — *La vallée de Lotivy.*

69 — *Coup de mer sur la jetée à Portivy.*

70 — *Marée basse à Quiberon.*

71 — *Marée à Fiozo.*

LEE-ROBBINS

—

LUMINAIS (Hélène)

—

74 — *Rêve de Psyché.*

75 — *Saint-Michel chassant du ciel Lucifer.*

76 — *Portrait (sanguine).*

77 — *Portrait* —

MAREST (Julia)

78 — *Jeune femme dessinant.*

79 — *Le Souper.*

Appartient à M. Barbier.

80 — *Portrait de M. B.*

81 — — *M. M.*

82 — — *M. L.*

83 — *Tête de jeune fille.*

Appartient à M. Meunié.

84 — *Portrait de M. de T.*

MATHEWES

---

85 — *Portrait de M. T.*

86 — *Portrait de Mlle C.*

87 — *Pastel.*

88 — *Pastel.*

MAZELINE (JEHANNE)

---

89 - *Impressions sur Venise.*

90 — *Les Pigeons du palais des Doges.*

91 — *Porte San Grégorio.*

92 — *Palais près de la Poste.*

93 — *La Piazzetta.*

94 — *Canal de San Trovaso*

95 — *Le soir (Venise).*

96 — *La Casa d'Oro.*

97 — *Coucher de soleil (Venise).*

MORNARD (DE)

98 — *L'automne à Paris.*

99 — *Barque de pêcheurs (Etretat).*

100 — *A la mer.*

101 — *Emballage du poisson (Etretat).*

102 — *Mauvais temps (plage d'Etretat).*

103 — *Roses trémières.*

104 — *Un temps gris (environs de Brest).*

105 — *Les bords de la Nonette (Senlis).*

106 — *Les Laveuses d'Etretat.*

107 — *Les dernières Fraises.*

108 — *Matinée d'automne (Etretat).*

109 — *Un coin de la plage (Etretat).*

OSTERNBOURG (Comtesse d')

110 — *Coin d'allée.*

111 *Prairie en Suisse.*

112 — *Feuilles jaunes.*

113 — *Un sentier.*

114 — *Marine bretonne.*

115 — *Mendiant napolitain.*

116 — *Première neige.*

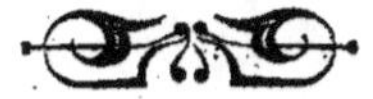

RÉAL DEL SARTE (Magdeleine)

—

117 — *Après le bal.*

> Appartient à Mᵐᵉ A. Dehaynin.

118 — *Rêverie.*

119 — *Ave Maria (aquarelle).*

110 — *Un trottin* —

121 — *Froufrou* —

> Appartient à M. P. Dupont.

122 — *Mascarille (aquarelle).*

123 — *Merveilleuse* —

124 — *Sous la Régence* —

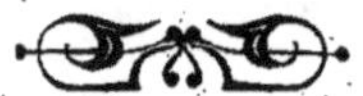

SAUVAN (Marie)

125 — *La Lecture.*

126 — *Le Repos.*

127 — *Etude de Religieuse.*

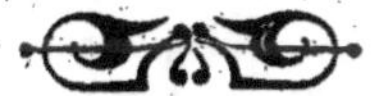

SCHULZENHEIM

SOULEY-DARQUÉ

135 — *Intérieur d'Eglise.*

136 — *Vieille paysanne.*

137 — *Portrait de Mme J. M.*

138 — *Rêverie.*

139 — *Portrait de M. T.*

140 — *Le vieux Jardinier.*

141 — *Portrait de Mme C.*

142 — *Tête d'Enfant.*

SPARRE (Emma de)

---

143 — *Découragée.*

144 — *Portrait de Mlle de C.*

145 — *Portrait de Mme B.*

146 — *Poésie.*

147 — *Esquisses.*

148 — *Paysage.*

149 — *Paysage.*

15o — *Tête de Femme.*

VALENTINO (ÉMÉLIE)

---

151 — *Portrait de Mme M.*

152 —   —   *Mme N.   (pastel).*

153 —   —   *Louis B.   —*

154 — *Jeune fille.*   —

VILLEBESSEYX

155 — *Au temps des roses.*

156 — *Lilas.*

157 — *Etude (aquarelle).*

158 — *Chapeau de roses.*

MINIATURES

BAILY

—

DEBILLEMONT

161 — *Portraits.*

162 — *Études.*

GRIMBLOT (George)

163 — *Portraits.*

164 — *Études.*

ODÉRIEU

—

165 — *Portrait de* Mᵐᵉ *la princesse de Léon.*

166 — — Mᵐᵉ *la baronne C. de Lesser.*

167 — — Mᵐᵉ *la comtesse P. de Cossé-Brissac.*

168 — — *de* Mᵐᵉ *la comtesse du Chastel.*

169 — — Mᵐᵉ *la comtesse de Gomiécourt.*

170 — — Mˡˡᵉ *L. Schneider.*

171 — — Mˡˡᵉ *Guillemette de La Roche-foucault.*

172 — — *de* Mˡˡᵉ *J. Foy.*

173 — — *M. le comte l'. de Montaigu.*

ISBERT (Camille)

174 — Portrait de Mme Lazare Weiller.

175 —   —   Mlle Valentine Isbert.

176 —   —   M. Tartarat et son limier.

177 —   —   Fantaisie.

178 —   —   Musiciens.

179 —   —   M. Achille Toupié (Béziers).

180 —   —   Mlle Valentine Isbert.

181 —   —   Mlle Séverine Dubray.

182 —   —   M. Georges Charlin.

183 —   —   Mme Laure Darin.

184 —   —   Femme (miniature grisaille).

185 —   —   Femme (boîte malachite).

186 —   —   d'Homme (miniature grisaille).

187 — L'Amour aiguisant ses flèches (boîte écaille).

188 — Entre l'Amour et l'Amitié (boîte d'ivoire).

ISBERT (Camille)

(Suite)

---

189 — *Portrait d'homme (boîte écaille).*

190 — *Jeune fille.*

191 — *Jeune femme jouant de la guitare.*

192 — *Jeune fille.*

193 — *La nymphe Syrinx poursuivie par un faune.*

D'après Boucher.

194 — *Tête de nymphe.*

195 — *Portrait de Mme Charlotte Besnard.*

D'après une faïence de M. Albert Besnard.

196 — *Jeune femme, costume Empire.*

197 — *Portrait de Mme la comtesse Valérie C...*

198 — *Adrienne Lecouvreur étudiant son rôle de Pysché.*

D'après Vanloo.

199 — *Jeune fille brodant.*

D'après Chardin.

ISBERT (CAMILLE)

(Suite)

———

200 — *Portrait de M. Paul Grandhomme.*

201 — *Cérès.*

D'après une faïence de M. Albert Besnard.

202 — *Jeune femme, costume Louis XIV.*

203 — *Portrait du jeune René Popp.*

204 — *Jeune fille à la perruche.*

205 — *Jeune femme tressant des fleurs.*

D'après Largillière.

206 — *Portrait de M. Tartarat fumant sa pipe.*

THIERAR

—

207 — *Femme couchée.*

208 — *Portrait de M. F. L.*

209 — *Portrait de M. A. B.*

SCULPTURE

ADAM

210 — *Sainte Geneviève.*

211 — *Portrait, ancien chasseur d'Afrique.*

212 — *Diane enfant.*

CASINI (Amélie)

---

213 — *La Charité.*

214 — *Il ne fait plus clair.*

215 — *Portrait de M. A. H.*

216 — *Portrait de M. C. F.*

217 — *Botteleur.*

218 — *Portrait de M. M. C.*

219 — *Portrait de Mlle M. P.*

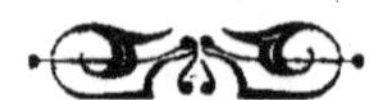

FUNCK-BRENTANO

220 — *Portrait de M. R. R.*

221 — *Portrait de M[lle] Jeanne M.*

222 — *Portrait de M[lle] M. de M.*

223 — *Jeune fille.*

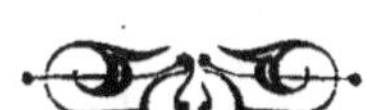

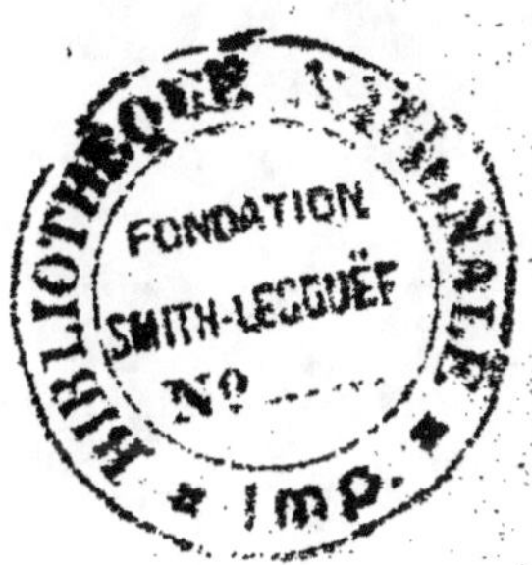

9 782329 665191